Karl Quiehl

Der Gebrauch des Konjunktivs

in den ältesten französischen Sprachdenkmälern bis zum Rolandsliede

einschliesslich

Karl Quiehl

Der Gebrauch des Konjunktivs
in den ältesten französischen Sprachdenkmälern bis zum Rolandsliede einschliesslich

ISBN/EAN: 9783743487994

Hergestellt in Europa, USA, Kanada, Australien, Japan

Cover: Foto ©Paul-Georg Meister /pixelio.de

Manufactured and distributed by brebook publishing software (www.brebook.com)

Karl Quiehl

Der Gebrauch des Konjunktivs

Der

Gebrauch des Konjunktivs

in den

ältesten französischen Sprachdenkmälern

bis zum Rolandsliede einschliesslich.

———————

Inaugural-Dissertation

zur

Erlangung der Doktorwürde

der

philosophischen Fakultät der Universität zu Kiel

vorgelegt

von

Karl Quiehl

Kiel, 1881.

Seinen lieben Eltern

in Dankbarkeit gewidmet

vom Verfasser.

In den folgenden Seiten soll untersucht werden, in welchen Fällen die älteste überlieferte französische Sprache sich des Konjunktivs bediente, und ob dieser Gebrauch des Konjunktivs mit demjenigen im Lateinischen und im späteren Französisch übereinstimmt. Die Denkmäler, welche wir dabei zu Grunde gelegt haben, sind die folgenden:

1. Die Strassburger Eide von 842 nach Bartsch, Altfranzösische Chrestomathie.
2. Lied auf die heil. Eulalia, ebendaselbst (Eul.)
3. La Passion du Christ nach Gaston Paris, Romania II, 295 ff. (Pass.)
4. La Vie de St. Léger nach Gaston Paris, Romania I, 273 ff. (Lég.)
5. La Vie de St. Alexis nach der Ausgabe von G. Paris, Paris 1872 (Alex.)
6. La Chanson de Roland nach der Ausgabe von Theodor Müller, II. Aufl., Göttingen 1878. Zum Vergleiche wurden auch die Ausgaben von Gautier (Tours 1872 in 2 vol. und Tours 1875, Edition classique) und von Böhmer (Rencesval, Halle 1872) herangezogen —

und zwar ist es unsere Aufgabe gewesen, sämmtliche Konjunktive zu berücksichtigen, welche diese Werke aufweisen. Nur in den Fällen, in denen die aufzuführenden Stellen ein und dieselbe Erscheinung zu öfterem Male wiederholen, haben wir uns darauf beschränkt, einfach anzugeben, wo dieselben zu finden sind.

Der Konjunktiv findet sich in den modernen Sprachen am häufigsten im Nebensatze vor. Man darf aber hieraus nicht schliessen, dass dieser Modus im Nebensatze seine eigentliche Stelle hat und dass er nur ausnahmsweise in Hauptsätzen steht oder erst später in dieselben eingedrungen ist. Der Konjunktiv im Hauptsätze ist vielmehr der ursprüngliche. Denn auf einer im Vergleiche mit der unsrigen sehr niedrigen Stufe der Sprachentwicklung gab es nur einfache (Haupt-) Sätze, die ohne irgend welche grammatische Verbindung auf einander folgten [1]), und doch war schon damals der unserem Konjunktiv entsprechende Modus in Gebrauch. Wie also der einfache Satz älter ist als der zusammengesetzte, so ist auch der Gebrauch des Konjunktivs im Hauptsatze älter als derjenige des Konjunktivs im Nebensatze.

Diese Betrachtung ist geeignet, uns den Schlüssel für das richtige Verständnis der Bedeutung des Konjunktivs an die Hand zu geben. Sie zeigt uns, dass der Konjunktiv nicht steht aus gewissen formalen Gründen, weil dieses oder jenes Verbum im Hauptsatze steht oder dergleichen, sondern weil der Sinn es erfordert; und um zu bestimmen, in welchem Sinne der Konjunktiv im gegebenen Falle gebraucht ist, wird es oft von Nutzen sein, den betreffenden Nebensatz auf einen Hauptsatz zurückzuführen [2]).

---

1) Cf. Delbrück, Der Conjunctiv und Optativ im Sanscrit und Griechischen, p 12 und p. 31.

2) Das Altfranzösische weist noch Sätze auf, in denen der Satz, der nach modern französischem Sprachgebrauch Nebensatz ist, ohne Verbindung neben den Hauptsatz gestellt ist. Z. B. Ja savez vus cuntre paiens ai dreit. Rol. 3413. — Par vus li mand, bataille i seit justée. Rol. 2761. Im letzten Satze drückt der zweite Satzteil, der, obwohl er im Neufranz. zum Nebensatze wird, doch in Bezug auf den Sinn das Wesentliche enthält, einen Wunsch aus. Deshalb steht der Konjunktiv. — Cf. Rol. 2455, 2297, 3825. — 3674, 3681, 2940, 650 etc.

Was nun die Bedeutung des Konjunktivs anbetrifft, so
wird es aus den uns vorliegenden Denkmälern nicht mehr
möglich sein, die diesem Modus eigentümliche genau zu
bestimmen. Man wird hierzu auf ältere Sprachen der indo-
europäischen Sprachenfamilie zurückgehen müssen.
Das Sanscrit und das Griechische bedienten sich für
den Modus, den man im Lateinischen mit dem Namen Conjunctivus bezeichnete, zweier von einander verschiedener
Formen: des Konjunktivs und des Optativs. Beide drücken
etwas nicht Wirkliches, nicht thatsächlich Gegebenes oder
vom Redenden als nicht thatsächlich Hingestelltes aus. Sie
sind vielmehr der Ausdruck einer Begehrung; und zwar
verteilen sich nach Delbrück die Bedeutungen so, dass der
Grundbegriff für den Konjunktiv der Wille, für den Optativ
der Wunsch ist [1]).

In der weiteren Entwicklung des Griechischen erleiden
diese Bedeutungen in ihrer Anwendung naturgemäss gewisse
Modifikationen, behalten aber ihren eigentlichen Charakter
bei: Der Konjunktiv ist der Ausdruck der gewollten Thätigkeit, der Optativ der der vorgestellten Thätigkeit [2]).
Das Französische hat sich aus dem Lateinischen ent-
wickelt. Und da es die Formen des Konjunktivs dieser
Sprache entlehnt hat, so kann es uns nicht überraschen,
wenn es diese Formen in demselben Sinne verwendet, in
welchem das Lateinische sie verwandt hatte. Der lateinische
Konjunktiv nun hatte zugleich die Funktionen des griechischen
Konjunktivs und des griechischen Optativs; das Latein. hatte

---

1) Delbrück, p. 13. Wille und Wunsch sind hierbei folgendermassen
zu unterscheiden: Der Wunsch ist eine Begehrung, mit welcher nicht die
Voraussicht verknüpft zu sein braucht, dass der Begehrende den Gegenstand
seiner Begehrung erreichen werde. Der Wille dagegen ist eine Begehrung
mit der Voraussicht des Erreichens.

2) Cf. Herrig's Archiv f. d. Stud. der neueren Sprachen, XLVII, 275.

für diese beiden Modi ein und dieselbe Form. Dennoch aber
ist es nicht schwer, im Gebrauche des lateinischen Konjunktivs zwei Elemente zu unterscheiden: auf der einen
Seite haben wir den Konjunktiv des Wunsches, welcher dem
griechischen Konjunktiv entspricht, auf der anderen Seite
den Konjunktiv der Vorstellung, der zweifelhaften Behauptung, welcher dem griechischen Optativ entspricht [1]).

Auch im Französischen nun finden sich diese beiden
Grundbedeutungen des Konjunktivs wieder; er ist in allen
Fällen entweder Konjunktiv des Wunsches oder Konjunktiv
der unentschiedenen, zweifelhaften Behauptung. Letzteren
bezeichnen wir mit „Conjunctivus dubitativus".

Wir handeln:

A. vom Konjunktiv im Hauptsatze.

B. vom Konjunktiv im Nebensatze.

1) im Substantivsatze:
   a. im Subjektsatze;
   b. im Objektsatze.

2) im Adjektivsatze:

3) im Adverbialsatze:
   a. des Ortes;
   b. der Zeit;
   c. der Absicht (Finalsatz);
   d. der Folge (Konsekutivsatz);
   e. der Einräumung (Konzessivsatz);
   f. der Bedingung (Konditionalsatz).

---

1) Cf. Diez, Grammatik der romanischen Sprachen, III, 209.

A. Der Konjunktiv im Hauptsatze.

Konjunktiv des Wunsches.

Wie im Lateinischen wird im Altfranzösischen der
Konjunktiv angewandt, um einen Wunsch, eine Aufforderung,
ein Gebot auszudrücken. Doch ist dieser Gebrauch des
Konjunktivs im Französischen weit beschränkter als im
Lateinischen und zwar im Neufranzösischen in noch viel
höherem Masse als im Altfranzösischen. Denn während das
Lateinische sich aller Zeiten und Personen bediente, wendet
das Altfranzösische nur noch das Präsens und das Imperfectum an, das Neufranzösische fast nur noch die III Person
dieser Zeiten.

Beispiele für die I Pers. Sing. Praes. giebt von unseren
Denkmälern nur das Rolandslied.

Dist Guenelun: „Fel seie, se jo l'ceil." Rol. 3757. —
Tut seie fel, se jo mie l'otrei! Rol. 3897. — Se de mun
cors voeill aquiter la vie, Dunc li envei mun uncle l'algalife.
Rol. 492—493.

II Pers. Sing. — De nos aies vera mercet; Tu nos
perdone celz pecaz Qu'e nos vedest tua pietad. Pass. 77
b — d. — Christus Jesus, qui mans en sus, Mercet aias de
pechedors. Pass. 128 a b. — ib. 128 d. — E dist après: Paiens,
mal aies tu! Rol. 1958.

III Pers. Sing. — Sobre noz sia toz li pechez! Pass.
60 d. — Il nos aiut od cel seinor Por cui sostint tels
passions! Lég. 40 ef. — E ço doinst Deus qu'or en poissons
guarir. Alex. 74 e. — Filz, la tue aneme seit el ciel absolude.
Alex. 82 e. — ib. 125 c. — Deus, se li plaist, à bien le vus
mercie! Rol. 519 (mercie inkorrekte Form für mercit). —
Graciez en seit Deus! Rol. 698. — Deus me cunfundo, se
la geste en desment! Rol. 788. — E Deus la nus otreit.
Rol. 1008. — ib. 1505. — 1565. — 1589. — 1854. — 1856. —

1865. — 1898. — 2004. — 2196—2197. — 2245. — 2887. — 2898. — 3013. — 3358. — 3721. — Ço respunt Guenes: Ne placet damne Deu. Rol. 358. — ib. 3906. — Terre Majur, Mahomet te maldie. Rol. 1606. — Issi seit cum vus plaist. Rol. 607. — Guenes respunt: Bien seit nostre cuvenz! Rol. 616. — Dient Franceis: Dehet ait qui s'en fuit! ib. 1047. — Mal seit del coer qui el piz se cuardet! ib. 1107. — Ferez, Franceis, nuls de vus ne s'ublit! ib. 1258. — ib. 1349. — 1938. — 2062. — 2144. — Ja la vostre anme nen ait doel ne sufraite! De paréis li seit la porte uverte! ib. 2257—58. — Ne vus ait hum qui facet cuardie. ib. 2351. — ib. 2309. — Dist Baliganz: Car chevalchiez, barun, L'uns port le guant, li altre le bastun! Rol. 2686—87. — L'anme de tei en pareis seit mise! ib. 2934. — ib. 3107. — Dient Franceis: Sempres murrez, glutun, De vus seit hoi male confusiun! Li nostre Deus guarantisset Carlun! Ceste bataille seit jugiée en sun num! ib. 3275—78. — ib. 3290. — ib. 3299. — ib. 1014. — Qui estre i voelt, isnelement chevalzt! ib. 2109. — Qui par noz deus voelt aveir guarisun, Si s'prit e servet par grant afflictiun. ib. 3271—72. — ib. 3340. — Laissum le plait, e si prium le rei Que Guenelun cleimt quite ceste feiz, Puis si li servet par amur e par feid. ib. 3799 — 3801. — ib. 2747—49. — ib. 3808—10.

I Pers. Plur. — Dontre nos lez, facam lo ben, Gurpissum mund et som peccad. Pass. 127 c d. — Alex. 125 a.

III Pers. Plur. — Ne l'reconoissent usqu'il s'en seit alez. Alex. 58 b. — De voz paiens lur enveiez C milie, Une bataille lur i rendent cil primes. Rol. 588 — 589. — Rol. 2711—13.

In einigen Stellen des Rolandsliedes steht der Konjunktiv in einem Satze, dem ein Verbum des Wunsches, des Befehls etc. vorhergeht, ohne dass die Konjunktion que beide Sätze verbindet. (Cf. die Einleitung. p. 6, Anm. 2). — Par

vus li mand, bataille i seit justée. Rol. 2761. — Ço dist li
reis: Seignur, jo vus cumant: Seiez ès lius Olivier e Rollant,
L'uns port l'espée e l'altre l'olifant. Rol. 3015—17. — Ço
me duinst Deus, li filz sainte Marie, Ainz que jo vienge as
maistres porz de Sizre, L'anme del cors me seit hoi departie!
Entre les lur fust aluée e mise, E ma car fust delez els
enfuie. Rol. 2938—42. — ib. 2674—80.

Der Konjunktiv des Wunsches im Imperfectum findet
sich in folgenden Stellen:

III Pers. Sing. — A sei l'mandat et ço li dist: A cort
fust, semper lui servist. Lég. 8 a b. — Pur ce le fist, ne fust
aparrissant. Rol. 1779.

I Pers. Plur. — Par cest saint home doussons ralumer.
Alex. 124 e.

Wie im Lateinischen utinam findet sich im Neufranzösischen häufig que vor dem Konjunktiv im Hauptsatze.
Die ältesten Denkmäler der französischen Sprache geben
hiervon noch kein Beispiel ¹), wie überhaupt que in dieser
Verwendung in der älteren Sprache spärlicher auftritt als in
der modernen. Erst in den Gesetzen Wilhelms des Eroberers

---

1) Es finden sich im Rolandsliede zwei Stellen, in welchen man geneigt
sein könnte, den Konjunktiv mit que zu sehen. Es sind dies die Verse
1693 und 2436. Sire cumpains, pur Deu, que vus enhaitet, Tanz bons
vassals veez gesir par terre. Rol. 1693—94. Der Verfasser des Artikels
Romanische Studien, Heft XI (1878) p. 203 ² sagt: In Vers 1693 kann die
Interpretation schwanken, und L. Gautier übersetzt: au nom de Dieu que
je prie de vous bénir (La Chans. de Rol., Tours 1872, II, 331 und Edit.
classique, 1875). Enhaitet ist aber die III Pers. Sing. Praes. I n d i c a t.,
wie die Endung -et beweist, und que kann eben so gut für das Relativpronomen qui stehen (Cf. Rol. 731, 982, 1003, 2418—19, 3462, 758—9). —
Die andere Stelle: Laissiez les morz tut issi cum il sunt, Que n'i adeist ne
beste ne liuns. Rol. 2435—36. — ist sehr unsicher. Müller schlägt vor:
N'i adeist beste beste, chiens ne lus ne liuns. Behält man die Lesart „que
n'i adeist" bei, so würde der Satz doch eher als Finalsatz aufzufassen sein.

z. B. treffen wir que mit dem Konjunktiv an. — Cil ki
prendra larrun sens siwte e senz cri, que cil enleist a ki
il avrad le damage fait, e vienge pois après, si est raisun
que ... Lois 4. — .. qu'il l'ait a dreit en la curt celui ki
l'averat truved. Lois 6 ¹).

Hin und wieder wird im Altfranzösischen der Konjunktiv
durch die vorgesetzte Partikel or oder car verstärkt. Das
Rolandslied bietet uns drei Beispiele für or mit dem Konjunktiv. — Respunt Marsilies: Or diet, nus l'orrum. Rol. 424.
— Cil li respundent: Or seit fait par marraines. 3982. —
Or guart chascuns que granz colps i empleit, Male
cançun ja chantee n'en seit. 1013 — 14. — Car mit dem
Konjunktiv findet sich: E Deus, dist il, quer ousse un
serjant Qui l' me guardast: jo l'en fereie franc. Alex. 46 ab. —
De vasselage te conoissent ti per: Ceste bataille car la
laisses ester! Rol. 3901—3902 ²).

Der Satz mit dem Verbum im Konjunktiv vertritt im
Lateinischen wie im Französischen manchmal einen Konditionalsatz ³).

Vienget li reis, si nus purrat vengier. Rol. 1744. —
Seit qui l'ociet, tuit pais puis avriumes. Rol. 391.

---

1) Bartsch, Altfranzösische Chrestomathie p. 39 u. 40.

2) W. Förster bestreitet das Vorkommen der Verbindung von car
mit dem Konjunktiv (Zeitschr. f. rom. Phil. II, 1, p. 179, 1878), er schlägt
vor: Ceste bataille et car le (la?) laisse ester; laisse = Imperativ. Müller
sagt ausdrücklich: laisses ist hier als Konj. zu betrachten (p. 413). Gautier
schreibt in den drei ersten Ausgaben wie Müller, hält aber laisses für den
Imperativ (I Ed. II, 369). In der Edit. class. 1875 schreibt er: car la laisse
ester. Böhmer schreibt: car laisse la ester. Diez citiert vier Beispiele für
car mit dem Konjunktiv, Grammatik³ III, 214.

3) Den Konjunktiv in den mit si eingeleiteten Konditionalsätzen, deren
bedingender Teil aus mehreren Gliedern besteht, werden wir bei Gelegenheit jener Sätze behandeln (sub B 3 f).

Mit konzessivem Sinn steht der Konjunktiv in der Redensart „voeillet ou non". Voeillent ou non, si l' laissent metre en terre. Alex. 116 d. — Voillent ou non, si l' laissent enfodir. Alex. 120 b. — Voeillet u nun, ne poet muer ne riet. Rol. 959. — Voeillet u nun, tut i laisset sun tens. Rol. 1419. — Voeillent u nun, si guerpissent le camp. Rol. 1626. — ib. 2043, 2168, 2220, 3170.

Conjunct. dubitat.

Der lateinische Potentialis hat im Französischen sehr geringe Spuren hinterlassen. Wir finden ihn im Neufranzösischen nur noch in der Formel je ne sache, que je sache; in den anderen Fällen ersetzt ihn das Neufranzösische durch das Conditionnel oder durch Adverbien. Von dieser Art des Konjunktivs finden wir in den ältesten französischen Denkmälern kein Beispiel. Von dem Konjunktiv im Hauptsatze eines hypothetischen Satzgefüges werden wir später bei Gelegenheit der Betrachtung der Adverbialsätze sprechen.

B. Der Konjunktiv im Nebensatze.

Wie schon in der Einleitung gesagt worden ist, tritt der Konjunktiv im Nebensatze bei weitem häufiger auf als im Hauptsatze. Wir haben bei der Betrachtung des Konjunktivs im Hauptsatze gesehen, dass dieser Modus im ältesten Französisch verglichen mit seinem Gebrauch im Lateinischen bedeutend an Terrain verloren hat. Nicht ganz dasselbe tritt uns beim Nebensatze entgegen. Wir werden hier Fälle finden, in denen er durch den Indikativ verdrängt worden, andere aber auch, in denen er an Gebrauch gewonnen hat.

1. Im Substantivsatze.

a. *Im Subjektsatze.*

Konjunktiv des Wunsches.

Der Konjunktiv findet sich nach unpersönlichen Ausdrücken, wenn der Inhalt des Subjektsatzes ein gewünschter, geforderter ist. Das Lateinische setzt hier auch ut mit dem Konjunktiv. Mais lui ert tart qued il s'en fust alez. Alex. 13 e. — Et or est temps e si est biens Que nos cantoms [1]) de sant Ledgier. Lég. 1 ef. — Melz ti fura non fusses naz que me tradas per cobetad. Pass. 38 cd. — Asez est mielz que la vie il i perdent Que nus i perduns clere Espaigne la bele. Rol. 58—59. — ib. 44—46 [2]). — Mielz est suls moerge que tant bon chevalier. ib. 359. — Azez est mielz que morium cumbatant. ib. 1475. — Mielz me venist, amis, que morte fusse. Alex. 97 e. — Asez est dreiz que Guenes seit penduz. Rol. 3932.

Nach den Ausdrücken des Affekts, denen im Lateinischen der Acc. c. infin. oder quod mit dem Indikativ oder Konjunktiv folgt, steht im Neufranzösischen fast immer der Konjunktiv. Im Altfranzösischen herrscht in den ersten Zeiten der Indikativ vor. Von unseren Denkmälern weist allein das Rolandslied ein Beispiel des Konjunktivs nach „est merveille" auf. — Ço est merveille que Deus le soefret tant. Rol. 1774. — Sonst steht immer der Indikativ; z. B. Ço'st grant merveile que pitet ne t'en prist. Alex. 88 e. — Ço'st grant merveile que li miens cors tant duret. Alex. 89 e.

---

1) cantoms ist hier sicherlich Konjunktivform; cf. G. Paris, Romania 1872, I, 288. Bartsch citiert unsere Stelle als Indikativform, Chrest.³ p. 509.

2) Das zweite que steht in den letzten drei Beispielen für quam quod. Näheres darüber bei den Objektsätzen, sub B 1 b.

— Ço peiset mei que ma fin tant demoret. Alex. 92 e. —
Deus! quel dulur que li Franceis ne l'sevent. Rol. 716. —
Rol. 2030.

Conjunct. dubitat.

Der Konjunktiv der unentschiedenen, zweifelhaften Be-
hauptung steht in Subjektsätzen, wenn deren Inhalt vom
Redenden angezweifelt wird.
Nach mei est vis steht der Konj.: Ço lor est vis que
tiengent Deu medisme. Alex. 108 d. — Unsicher ist der
Modus: Guenes respunt: Mei est vis que trop targe.
Rol. 659 ¹).

Nach verneinten unpersönlichen Ausdrücken im Hauptsatze findet sich der Konjunktiv:
Il ne poet estre qu'il seient desevret, Seinz hume mort
ne poet estre afinet. Rol. 3913 — 14. — Cunseilz d'orguill
n'est dreiz que à plus munt. Rol. 228. — Tant vus ad dit,
nen est dreiz que plus vivet. Rol. 497. — Tort nus ad
fait, nen est dreiz qu'il s'en lot. Rol. 1950. — ib. 2349,
2561, 3974. — Reis orguillus, nen est fins que t'en alges.
Rol. 2978. — Respunt Rollanz: Ne placet damne Deu Que
mi parent pur mei seient blasmet, Ne France dulce ja chieet
en viltet. Rol. 1062 — 64. — Ja Deu ne placet qu'el chief
portez corune. Rol. 3538. — Ne place Deu ne ses sainz
ne ses angles Apres Rollant que jo vive remaigne. Rol.
3718—19. — ib. 1073—75. — 1089—1090.

Ein Beispiel dieses Konjunktivs in der indirekten Frage:
Ne li chalt, sire, de quel mort nus muriuns. Rol. 227.

---

1) Moritz Trautmann (Die Bildung der Tempora und Modi in der
Chanson de Roland) hält targe für den Konj.; Gautier (1872, II, 454 u.
1875 p. 536) für den Indik. Wie nach il semble im Neufranz. findet man
eben im Altfranzösischen nach m'est avis je nach der Auffassung des
Sprechenden bald den Indikativ und bald den Konjunktiv.

b. *Im Objektsatze.*

Konjunktiv des Wunsches.

Nach den Verben, welche einen Wunsch, eine Ermahnung, einen Befehl, ein Verbot etc. ausdrücken, steht im Altfranzösischen wie im Neufranzösischen in dem darauf folgenden Objektsatze der Konjunktiv. Auch das Lateinische bediente sich nach Verben wie imperare, optare, postulare, velle, dicere, mandare, curare, videre, prohibere etc. dieses Modus.

Unsere Denkmäler und besonders das Rolandslied bieten uns eine grosse Anzahl Beispiele für diesen Gebrauch des Konjunktivs. Es sind die folgenden: •

Nach cumander: Carles cumandet que face sun servise. Rol. 319. — Je vus cumant qu'en Sarraguce algiez. Rol. 2673. — ib. 2949, 3842. — Nach mander: Ço li mandat que revenist, Et sa gracie par tot ovist. Lég. 15 c d. — Mais il me mandet que en France m'en alge. Rol. 187. — Quant il vus mandet qu'aiez mercit de lui, Pecchiet fereit qui dunc li fesist plus. Rol. 239 — 240. — ib. 430—31, 470—71, 488—89, 2319—20, 2786, 2614—17. — Nach dire: Si me direz Carlemagne le rei Pur le soen Deu qu'il ait mercit de mei. Rol. 81 — 82. — Mun seigneur dites qu'il me vienge veeir. Rol. 2746. — ib. 2760. — Nach escrier: Après escriet Rollant qu'il li aïut. Rol. 1964. — Nach voleir: Or volt que prenget muilier a son vivant. Alex. 8 d. — Ço ne volt il que sa medre le sachet. Alex. 50 d. — Mis parastre est, ne voeill que mot en suns. — Rol. 1027. — Pur ço l'at fait que il voelt veirement Que Carles diet e trestute sa gent Li gentilz cuens qu'il fut morz cunquerant. Rol. 2361—63. — ib. 2439, 3609, 3623. — Ço voelt li reis par amur cunvertisset. Rol. 3674 ¹). — Nach aveir (en)

---

1) Cf. p. 6, A. 2 und p. 10—11.

t a l a n t: En talant ai que mult vus voeille amer. Rol. 521.
N'avrat talent que jamais vus guerreit. Rol. 579. — ib.
3133, 3476. — Mais n'ad talent li facet se bien nun. Rol.
3681 ¹). — Nach c o n t r o v e r: Ço controverent baron franc,
Por ço que fut de buone feit, De Chelperin feissent rei. Lég.
9 d—f. — Nach q u e r r e: l'uns à l'altre la sue feit plevit,
Que il querreient que Rollanz fust ocis. Rol. 403—404. —
Nach e s t r e p r e z: Si li reis voelt, prez sui pur vus le
face. Rol. 316. — Nach a t e n d r e: Vifs atendeie qued a
mei repairasses. Alex. 78 d. — Nach o r e r, r o v e r, p r i e r,
d e p r i e r. Tuit oram que por nos degnet preier, Qued
auuisset de nos Christus mercit Post la mort et a lui nos
laist venir Par souüe clementia. Eul. 26 — 29. — Rovat
que letres apresist. Lég. 3 f. — Ço li preiat laissast lo tot.
Lég. 18 d. — Lég. 18 f, 25 c d, 33 c d. — E toit le preient que
d'els aiet mercit. Alex. 37 e. — ib. 54 d, 101 e, 102 c, 110 d e,
120 d, 125 b. — Si li depreient que la citet ne fondet. Alex.
60 c. — ib. 62 d, 63 ab. — Pur Deu vus pri que ne seiez
fuiant. Rol. 1473. — Si priet Deu que paréis li dunget.
Rol. 2016. — ib. 1837, 2241, 2449—50, 2261, 2518, 3799—3800,
3808—9. — Nach c o n j u r e r: Davant l'ested le pontifex,
si conjuret per ipsum Deu qu'el lor dissest per pura fied
si vers Jhesus fils Deu est il. Pass. 45 a — d. — Nach
e n o r t e r, c o n f o r t e r (= ermutigen): Il li enortet, dont
li nonque chielt, Qued elle fuiet lo nom christüen. Eul. 13—14.
— Ço confortent ad ambes dous Que s'ent ralgent en lor
honors. Lég. 20 e f. — Nach s e m o n d r e (Subst. somonse):
A l'altre voiz lor vint altre somonse Que l'home Deu quier-
gent qui gist en Rome, Si li depreient que la citet ne fondet,
Ne ne perissent la gent qui enz fregondent. Alex. 60 a — d. —

---

1) Cf. p. 6, A. 2 und⁰ p. 10—11.

Nach conseillier (Subst. conseilliers): Elle non eskoltet les mals conseilliers Qu' elle deo raneiet, chi maent sus en ciel. Eul. 6. — Nach prendre cunseill: Dist l'amirailz: Carles, car te purpense, Si pren cunseill que vers mei te repentes. Rol. 3589—90. — Nach loder (= raten): Qui ço vus lodet que cest plait degetuns, Ne li chalt, sire, de quel mort nus muriuns. Rol. 226—7. — Nach reclamer: E si reclaimet Rollant qu'il li aïut. Rol. 2044. — Nach cunsentir: Par ta mercit, se tei plaist, me cunsent, Que mun nevuld poisse vengier Rollant. Rol. 3108—9. — Nach otrier: Sur tuz les altres l'unt otriet li Franc Que Guenes moerget par merveillus ahan. Rol. 3962—63. — Nach duner: E ço doinst Deus qu'or en poissons guarir. Alex. 74 e. — Se Deus ço dunet que jo de là repaire, Jo t'en muvrai un si tres grant cuntraire, Qui durerat à trestut tun edage. Rol. 310—312. — ib. 3938—42. — Nach faire: Qui purreit faire que Rollanz i fust morz, Dunc perdreit Charles le destre bras del cors. Rol. 596—597. — Nach aidier: Par amistiet, bels sire, la (l'espée) vus duius, Que nus aidiez de Rollant le barun, Qu'en rereguarde truver le poüssum. Rol. 622—624. — Nach jugier: ... Si as jugiet qu' à Marsiliun alge. Rol. 309. — ib. 353—4. — Nach garder: Guardez de nus ne turnez le curage. Rol. 650. — Or guart chascuns que granz colps i empleit. Rol. 1013. — ib. 2061. — Nach metre gardes: Gardes i met, ńon sia emblez. Pass. 90 d. — Nach torner (abhalten): Ja tote gent ne m'soussent torner Qu' ensembl'od tei n'ousse converset. Alex. 98 c d. — Nach contrastar (verhindern): Ne lor pod om vius contrastar Signes fazen per podestad. Pass. 121 c d. — Nach defendre mit folgendem ne im Nebensatze: Jo vus defend que n'i adeist nuls hum. Rol. 3438. — Nach verneintem se garder mit folgendem ne: Ne s' poet garder que mals ne l'i ataignet. Rol. 9.

Sehr häufig sind im Altfranzösischen Sätze mit ne laisser und ne poveir muer und folgendem Konjunktiv mit ne. Auch unsere Denkmäler liefern uns hierfür eine grosse Anzahl Beispiele. In vielen Fällen sind dabei Haupt- und Nebensatz ohne verbindendes que neben einander gestellt. Or ne lairai ne m' mete en lor bailide. Alex. 42 d. — Ne lesserat bataille ne lur dunt. Rol. 859. — Se truis Rolant, ne lerrai que ne l' mat. Rol. 893. — ib. 457—460, 1206, 1252, 1659, 1931, 1252, 2665—7. — Ne poet muer que de ses oilz ne plurt. Rol. 773. — Ne poet muer qu'il ne s'en espaent. Rol. 1599. — Ne puis muer ne l' plaigne. Rol. 834. — ib. 825, 846, 2193, 2381, 2517, 2873. — Der Vers: Ne pot muder ne seit aparissant. Alex. 55 e. — ist unsicher; das Ms. hat cil est aparissant.

Nach mielz voeill, mielz me vient, plus me plaist, est mielz [1]) und ähnlichen Ausdrücken wird der Zustand, den man lieber will, durch den Infinitiv oder durch que mit dem Konjunktiv ausgedrückt, der Zustand, welchem man jenen vorzieht, häufig durch einen Satz mit que und folgendem Konjunktiv wiedergegeben. Dieses que vertritt das lat. quam ut, quam quod; es müsste also eigentlich que que stehen [2]). Im Altfranz. trifft man solche Sätze sehr häufig an, während im Neufranz. diese Ausdrucksweise vermieden

---

1) Cf. die sub B 1 a, p. 14 angeführten Beispiele.

2) Mätzner berührt diese Erscheinung Syntax II, 216 und Altfr. Lieder p. 127, Breitinger spricht davon Herrig's Archiv XLV, 237 und in Studium und Unterricht des Franz., Zürich 1877, p. 65.— Schon im Lat. findet sich quam statt quam ut. Manchmal auch steht im Altfranz. que ce que für lat. quam quod, so besonders häufig bei Joinville (cf. Rich. Nebling, Der Subjonctif bei Joinville, Kiel 1879): z. B. Joinville, Hist. de St. Louis, ed. Natalis de Wailly, 28, 71, 302, 317, 363, 627. — Breitinger giebt zwei Beispiele aus Joinville, in denen que que gesetzt ist.

wird ¹). Die hierher gehörigen Beispiele sind die folgenden: Melz sostendreiet les empedementz, Qu 'elle perdesse sa virginitet. Eul. 16—17. — Mielz voeill murir que me vienget viltance. Rol. 1091. — Mielz voeill murir que jo ne l'alge ocire. Rol. 1646. — ib. 1701, 2336, 3909. — Mielz voelt murir que ja fuiet de camp. Rol. 2738. —. Dieselbe Erscheinung hat nach ainz ferai — que statt. Ainz i ferai un poi de legerie Que jo n'esclair ceste meie grant ire. Rol. 321—2. — Ainz i murrat que cuardise i facet. Rol. 3043. Wir haben schon beim Subjektsatze gesagt, dass die alte Sprache nach den Ausdrücken des Affekts gewöhnlich den Indikativ setzte. Beispiele für den Objektsatz sind die folgenden: N'i ad icel qui ne demeint irance Que il ne sunt à Rollant le cataigne. Rol. 1845—46. — ib. 2608, 3171.

Nach den Ausdrücken der Furcht ist es im Neufranz. Regel, zum Verb im Konjunktiv ne zu setzen, wenn das Verb des Hauptsatzes affirmativ gebraucht ist. Im Altfranz. wird diese Regel noch nicht befolgt. Oft fehlt das ne nach affirmativen Ausdrücken, während es andererseits auftritt, wenn die Ausdrücke der Furcht negativ sind ²). Das Alex.

---

1) Molière bedient sich noch dieser Ausdrucksweise. J'aimerais mieux souffrir la peine la plus dure, Qu'il eût reçu la moindre égratignure. Molière, Tartuffe III, 6. — In der modernen Sprache setzt man für den letzten Teil des Satzes den Infinitiv oder einen Satz mit que si. J'aimerais mieux mourir que de faire une si mauvaise action. — J'aimerais mieux que cette pièce ne fût jamais jouée que si elle était aplatie (Beaumarchais).

2) Beispiele für craindre ohne folgendes ne finden sich z. B. Bartsch, Chrest. 169,5. Chev. au lyon 977, 1966, 6686. — Burguy, Grammaire, II, 247. — nach duter: Bartsch 95,31. — Steinbart sagt in seiner Methodischen Grammatik der franz. Sprache, II. Aufl., Berlin 1880: „Neuerdings scheint man anzufangen, das ne fortzulassen“ und führt zwei Beispiele als Beleg an. — In der Poesie wird das ne von den besten Schriftstellern ausgelassen. Il craint qu'un indiscret la vienne révéler. Corneille, Théod. V, 1. — Molière, Fâcheux III, 1. — Ecole des femmes I, 1. — Voltaire, Zaïre IV, 2.

setzt ne nach craindre: S'or ne m'en fui, molt criem
que ne t'en perde. Alex. 12e —; ebenso nach redoter:
Quant veit son regne, durement se redotet De ses parenz,
qued il ne l' reconoissent E de l'honor del siecle ne l'encombrent. Alex. 40de —, während das Rol. ein Beispiel
von craindre ohne folgendes ne aufweist. Je me crendreïe que vus vus meslissiez. Rol. 257.

Conjunct. dubitat.

Sätze, welche im Hauptsatze ein Verbum wie douter
(bezweifeln), nier etc. haben, kommen in den ältesten französischen Denkmälern nicht vor. Wir wenden uns deshalb
sofort zu den Sätzen mit einem Verbum des Sagens, des
Denkens oder der sinnlichen Wahrnehmung.
Das Lateinische gebraucht nach diesen Verben den
Accus. c. infin., während man im Neufranz. der Regel nach
den Indikativ setzt nach affirmativem Verbum, den Konjunktiv nach negativ, fragend oder konditional gebrauchtem
Verbum. Auch im Altfranzösischen sehen wir diese Regel
meist schon befolgt, wenn auch noch in der Anwendung
des Modus eine grössere Freiheit herrscht. So ist besonders
nach den affirmativ gebrauchten Verben cuider, penser,
croire der Konjunktiv ganz gewöhnlich; er dient in vielen
Fällen dazu, einer Behauptung eine etwas bescheidenere
Form zu geben.
Der Gebrauch des Konjunktivs in unseren Denkmälern
bietet keine Schwierigkeiten dar.
Der Indikativ steht nach dire: Ço dit li reis que sa
guerre out finée. Rol. 705. — Dire poet ki l'avrat, Que
ele (la lance) fut à nobilie vassal. Rol. 1122—23. — ib.
2360—63. — Der Konjunktiv nach verneintem Verbum:
Ïço ne di Carles n' i ait perdut. Rol. 1959. — Ne l' di pur
ço dez voz n'ait là martirie. Rol. 591. — Ja nel dirat de

France l'emperere Que suls ci moerge en l'estrange cuntrée. Rol. 447—448. — In den Versen: Ne placet Deu, ço li respunt Rollanz, Que ço seit dit de nul hume vivant Empur paien que je seie cornant. Rol. 1073—75, — ist dire nicht von der Negation begleitet, der vorhergehende Hauptsatz giebt ihm aber negativen Sinn. In: Dient alquant que diable i meinent. Rol. 983, — kann meinent Indikativ- oder Konjunktivform sein, je nach der Auffassung. Wir ziehen hierher auch die beiden Stellen: Dunez mei l'arc que vus tenez el puign; Mien escientre, ne l' me reproverunt Que il me chieded cum fist à Guenelun Vostre guanz destres, quant reçut le bastun. Rol. 766—770. — Ne à muillier ne à dame qu'as véud N'en vanteras el regne dunt tu fus Vaillant denier que m' i aies tolut, Ne fait damage ne de mei ne d'altrui. Rol. 1960—63. — Der Indikativ nach nuncier findet sich Rol. 3192, nach sungier, träumen, Rol. 719, 726. — Der Konjunktiv nach cuider: Alde la bele est à sa fin alée. Cuidet li reis qu'ele se seit pasmée. Rol. 3723—24: der König glaubt, sie sei ohnmächtig; sie ist aber tot. — Ebenso nach penser: Zo pensent il que entre els Le spiritus aparegues. Pass. 110 c d. — Semper pensed vertuz feisis. Pass. 53 d. — Nach verneintem cuider und croire steht der Konjunktiv: Turpins i fiert, qui nient ne l'espargnet, Enprès sun colp ne cuid qu'un denier vaillet (l'escuz). Rol. 1665 — 66. — Si est bleciez, ne cuit qu'anme i remaigne. Rol. 1848. — Il li non credent que aia carn. Pass. 110 b. — Nach saveir steht regelrecht der Indikativ: Ja savez vus cuntre paiens ai dreit. Rol. 3413. — E or sai bien n'avuns guaires à vivre. Rol. 1923. — ib. 1538, 308, 314, 1886, 2837, 3651.

Der Modus nach den Verben der Sinneswahrnehmung bietet nichts Merkwürdiges. Ço sent Rollanz la véue a perdue. Rol. 2297. — Oliviers sent que à mort est feruz.

Rol. 1952. — ib. 1965, 2010, 2259, 2284, 2355, 2366, 3651.
— Li amiralz alques s'en aperceit Queil ad tort e Carlemagnes
dreit. Rol. 3553—54. — Quant paien virent que Franceis
i out poi, Entr'els en unt e orguill e cunfort. Rol. 1940—41.
ib. 2314, 2475—76, 3728, 3924. — ib. 1587, 1795. — Auf-
fallend nur ist der Konjunktiv serve: Il ne m' faldrat, s'il
veit que jo lui serve [1]). Alex. 99 e.
Der Conjunct. dubit. findet sich ferner in einigen Objektsätzen, denen ein verneinter Hauptsatz vorangeht. Neule
cose non la pouret omque pleier, La polle sempre non
amast lo deo menestier. Eul. 9—10. — N'at soin que l'veiet [2]),
si est a Deu tornez. Alex. 49 e. — N'avrat vertut que s'
tienget cuntre nus. Rol. 3183. – N'ad deservit que altre
bien i ait. Rol. 3740. — Ne s'poet guarder que alques ne
l'engignent. Rol. 95. — Ne guardent l'hore que terre les
enclodet. Alex. 61 e (sie sehen die Stunde voraus, als nahe
bevorstehend).

Das Lateinische setzt das Verbum der in direkten
Frage in den Konjunktiv; das Neufranz. setzt es in den
Indikativ [3]) und nur dann in den Konjunktiv, wenn die
indirekte Frage, in die direkte verwandelt, denselben Modus
oder doch ein ihm angemessenes modales Hülfsverbum ver-
langen würde [4]). Der Indik. findet sich z. B.:
Mais il ne set li quels d'els la veintrat. Rol. 735. —
Ne l'oï dire ne jo mie ne l' sai, Li quels d'els dous en fut
li plus isnels. Rol. 1386—87. — Mais ço ne set li quels
veint ne quels nun. Rol. 2567. — ib. 2553. — Der Kon-

---

1) Vielleicht steht er nur der Assonanz wegen.
2) Das l' ist von G. Paris hinzugefügt. Das Ms. hat que voie; dieses
(que = ce que) giebt einen sehr guten Sinn.
3) Der Indik. findet sich schon im Vulgärlatein vor; cf. Diez, Grammatik III, 390.
4) Cf. Diez, Grammatik III, 390.

junktiv: Ne sai le leu ne nen sai la contrede Ou t'alge
querre. Alex. 27 c d (wo ich hingehen soll). — Deus! dist
li cuens, or ne sai jo que face. Rol. 1982 (was ich thun
soll). — Si nus aidiez de Rollant le marchis, Par quel
mesure le poüssum hunir. Rol. 630—631. — Sire Alexis,
tanz jors t'ai dessirret, . . . E tantes feiz por tei en loinz
guardet, Se revenisses ta 'spose conforter, Por felonie nient
ne por lastet. Alex. 95 a—e.

2. Im Adjektivsatze.

Es handelt sich hierbei um den Konjunktiv in Neben-
sätzen, die durch das Relativpronomen mit dem Hauptsatze
verbunden sind. Wir werden finden, dass der Gebrauch des
Modus im Altfranzösischen sich fast in allen Fällen mit
demjenigen im Lateinischen deckt [1]).

Konjunktiv des Wunsches.

Man setzt im Latein. wie im Franz. den Konjunktiv,
wenn der Inhalt des Relativsatzes eine gewünschte oder
geforderte Eigenschaft enthält. Unsere Denkmäler liefern
hierfür die folgenden Beispiele: Usque vengues qui, sens
pecat, Per toz solses comuna lei. Pass. 96 c d. — Quatre
hommes i tramist armez, Qui lui alassent decoller. Lég.
37 e f. — Enfant nos done qui seit a ton talent. Alex. 5 e, —
un serjant Qui l' me guardast. Alex. 46 a b. — Es me, dist
il, qui l' guard par ton comand. Alex. 46 d. — Car m'eslisez
un barun de ma marche, Qui à Marsilie me portast mun
message. Rol. 275 — 276. — Si li truvez qui tres bien li
aïut. Rol. 781. — Lasse! que n'ai un hume qui m'ociet.
Rol. 2723. — Im Nebensatze mit dem Ortsadverb où steht

---

1) Den Gebrauch des Modus im Relativsatze, in welchem qui die Bedeutung von si quis hat, werden wir bei den Konditionalsätzen behandeln.

der Konj. des Wunsches: Ço li depreient, la soe pietet,
Que lor euseint ou l'poissent recovrer. Alex. 63 a b.

Conjunct. dubitat.

Das Neufranz. befolgt die Regel, nach einem superlativischen Adjektive oder einem analogen Adjektive wie seul, unique, premier, deruier den Konjunktiv im Relativsatze zu setzen, wenn ausgedrückt werden soll, „dass der superlativische Begriff von dem Gegenstande nicht an und für sich ausgesagt sei, sondern in so weit, als an dem Gegenstande die durch den relativen Satz ausgedrückte Bestimmung mitgesetzt werde" [1]). Im Lateinischen findet sich nach solchen Ausdrücken der Konjunktiv unter denselben Bedingungen, ünter denen er seiner dubitativen Bedeutung nach überhaupt angewendet wird.

Es scheint, als ob die älteste franz. Sprache diesen Gebrauch des Konjunktivs noch nicht gekannt hat. Unsere frühesten Denkmäler bieten uns zum wenigsten kein Beispiel dafür, und während des ganzen Mittelalters war der Indikativ in solchen Sätzen häufiger als im Neufranzösischen. Das Rolandslied enthält zwei Stellen, welche einen Relativsatz nach einem superlativen Ausdruck zeigen. Unglücklicherweise aber ist die Lesart der einen Stelle sehr unsicher, die andere hat das Verb im Indikativ; es ist diese: De guarnemenz se prent à cunréer, De ses meillurs que il pout recuvrer [2]). Rol. 343—344. — In: Tel IIII cent s'en asemblent à helmes E des meillurs qui el camp puent estre, A Rollant rendent un estur fort e pesme. Rol. 2120—22, — schreiben Gautier, Génin und Böhmer quient, cuient für puent, welches letztere die von ´Müller vorgeschlagene Lesart ist.

---

1) Mätzner, Syntax der neufranz. Sprache, I, 150.
2) Böhmer, Rencesval, setzt entgegen der Hdschr. poet.

Wie im Latein. steht im Franz. der Konjunktiv im Relativsatze, wenn durch diesen der verneinte Gegenstand des Hauptsatzes näher bestimmt wird. Der Relativsatz drückt in diesen Fällen eine nur gedachte Thätigkeit oder Eigenschaft aus. Die Beispiele, welche die ältesten franz. Denkmäler uns hierfür liefern, sind sehr zahlreich. In den meisten derselben finden sich Ausdrücke, welche den neufranz. il n'y a personne, il n'y a pas un seul (homme, cheval, château etc.), il n'y a pas de etc. entsprechen [1]). Hierher gehört die Stelle aus den Eiden: et ab Ludher nul plaid numquam prindrai qui meon vol cist meon fradre Karle in damno sit. — Jo nen ai host qui bataille li dunget, Ne n'ai tel gent qui la sue derumpet. Rol. 18—19. — Nen avrai ja qui sustienget m'onur. Rol. 2903. — Unc ne vi gent qui si fust cumbatant. Rol. 3516. — N'avez barun qui mielz de lui la facet. Rol. 750. — ib. 779. — Nul n'en i at qui 'n alget malendos, Cel n'en i at qui 'n report sa dolor. ·Alex. 111 d e. — N'i ad celui qui durement ne plurt. Rol. 1814. — ib. 411. — N'i ad icel qui un sul mot respundet. Rol. 3540. — ib. 1845. — Cel n'en i ad qui de pitiet ne plurt. Rol. 822. — ib. 1618. — N'en i ad cel qui durement ne plurt. Rol. 2908. — Hanc non fud hom qui magis l'audis. Pass. 22 d. — Ne fut nuls huom del son jovent Qui mieldre fust donc a cels temps. Lég. 6 a b. — Cil ne fut nez de medre vifs Qui tel exercite vedist. Lég. 23 e f. — Soz ciel n'at home qui 's poisset conforter. Alex. 118 e. — Jamais n'iert hum qui encuntre lui vaille. Rol. 376. — ib. 1984. — Ne vus ait hum qui pur altre s'enfuiet. Rol. 2309.

---

1) In Sätzen wie der folgende: Ne à muillier ne à dame qu'as veud Ne'n vanteras el regne dunt tu fus Vaillant denier que m'i aies tolut. Rol. 1960—62. — ist der Ind. ganz korrekt, „da die Verneinung des Hauptsatzes sich nicht auf den Inhalt des Relativsatzes erstreckt.“ (Müller a. a. O.) Génin und Böhmer setzen hier den Konjunktiv. — Cf. Rol. 3789.

— ib. 2351. — Hum ne le veit qui mult ne s'espaent. Rol. 1433. — Mult est grant doels que nen est qui l'ociet. Rol. 2608. — Suz ciel n'ad gent qui plus poissent en camp. Rol. 3049. — N'i ad paien qui un sul mot respundet. Rol. 22. — ib. 571. — Sels corunez ne chantat unches messe, Qui de sun cors féist tantes prueces. Rol. 1563—64. — Beste nen est qui encuntre lui alge. Rol. 1657. — ib. 1555. — N'i ad cheval qui puisset estre en estant. Rol. 2522. — N'i ad castel qui devant lui remaigne. Rol. 4. — ib. 1522. Ja n'avras mal dont te poisse guarir. Alex. 31c. — Nen ad recet dunt li murs ne cravent. Rol. 1430. Neu aut od sei cui en calsist. Lég. 28 b. — N'i out si dur cui n'estoust plorer. Alex. 86 e. Suz ciel n'a hume que tant voeillet haïr. Rol. 1244. —' Suz ciel n'ad rei qu'il prist à un enfant. Rol. 2739. — ib. 3031. — Vus n'i avrez palefreid ne destrier, Ne mul ne mule que puissiez chevalchier. Rol. 479—480. — ib. 757.

In den folgenden Stellen des Rolandsliedes steht der Konj. nach dem Relativpronomen que, welches in diesem Denkmale auch für qui auftritt[1]). Doch ist die Möglichkeit nicht ausgeschlossen, das que in einigen Fällen als Konjunktion anzusehen[2]). Pierre n'i ad que tute ne seit neire. Rol. 982. — N'unt guarnement que tut ne reflambleit. Rol. 1003. — . . . Ne n'i perdrat ne runcin ne sumier, Que as espées ne seit ainz eslegiet. Rol. 758—9. — N'est hum qui l'veit e conuistre le set, Que ço ne diet que l'emperere est ber. Rol. 530—531. — N'i ad celui que n'i fierge o capleit. Rol. 3462. — Il nen i ad chevalier ne barun Que de pitiet mult durement ne plurt. Rol. 2418—19.

Der Nebensatz, welcher das Verbum im Konjunktiv enthält, wird nach solchen negativen Sätzen im Altfranz. oft

---

1) Cf. p. 11, Anm. 1.
2) Cf. Diez, Grammatik III, 339.

ohne Vermittlung des Relativpronomens hinter den Hauptsatz gestellt. Doch kann man auch hier nicht in allen Fällen mit vollständiger Sicherheit bestimmen, ob das ausgefallene Bindewort das Relativpronomen oder die Konjunktion que ist [1]). In den allermeisten Fällen ist dabei der Nebensatz ebenfalls verneint. Quar anc non fo nul om carnals En cel enfern non fos anaz Pass. 96 a b. — N'i vint enferms de nule enfermetet, Quant il l'apelet sempres n'aiet santet. Alex. 112 a b. — Cel n'en i ad Munjoie ne demant. Rol. 1482 [2]). — N'i ad celui al altre ne parolt. Rol. 1803. — N'i ad celui n'i plurt e sei desment Rol. 1836. — ib. 2545, 3418, 3805. — N'i ad paien ne l'prit e ne l'aürt. Rol. 854. — En la citet nen ad remes paien Ne seit ocis u devient chrestiens [3]). Rol. 101—102. — N'est remés chevaliers Ne seit ocis o en l'Elbre neiez. Rol. 2797—98. — ib. 3169—3170. — Ne l'orrat hum ne t'en tienget pur fol. .Rol. 2294. — Cele ne l'veit vers lui ne s'esclargisset: Rol. 958.

Einige Beispiele aus dem Rolandsliede zeigen uns jedoch den Nebensatz bei ausgelassenem Relat.-Pron. mit affirmativem Verb. [4]). Suz ciel n'ad rei plus en ait des meillurs.

---

1) Cf. Diez, Grammatik III, 339 u. 381.

2) Dass in den meisten folgenden Beispielen wirklich das Rel.-Pron. ausgelassen ist, beweist eine Vergleichung mit den weiter oben citierten Stellen: Rol. 411, 822, 1618, 1814, 1845, 2908, 3540.

3) Müller schreibt paiens. — Die Form devient bietet Schwierigkeiten dar. Sie kann nicht wohl die III Pers. Praes. Conj. sein, wiewohl Gautier sie als solche citiert. Die korrekte Form wäre devienge, devenget (Rol. 2746, 1091); devient ist Indik.-Form (Rol. 793, 2203). Böhmer schreibt desbalb devints und will dies als Participialform gelten lassen. (Im Rom. de Rou 3391 findet sich allerdings die Form tins von tenir, Burguy. Grammaire I, 4C3). Cf. Rom. Studien III, 1, p. 169 ff., wo Böhmer die Form verteidigt und Romania II, 107 und VII, 472, wo G. Paris diese Form für das XI. Jahrh. nicht gelten lassen will.

4) Diez, Grammatik III, 381: „Selten steht der zweite Satz ohne Negation."

Rol. 1442. — Suz ciel n'ad gent l'osast requerre en champ.
Rol. 1782. — Jamais n'iert hum plus volentiers le serve.
Rol. 2251. — ib. 1873.

Es möge uns gestattet sein, hier die ganz ähnlichen Sätze mit aufzuführen, welche unter denselben Bedingungen den Konjunktiv in dem mit que lose angefügten Nebensatze zeigen. Jamais n'ert jurz que Carles ne s'en plaignet. Rol. 915. — Jamais n'iert jurns qu'il n'en ait doel e ire. Rol. 971. — ib. 2915, 3905. — Il n'en i ad ne veie ne sentier, Ne voide terre ne alne ne plein pied Que il n'i ait o Franceis o paien. Rol. 2399—2401. — N'i ad Franceis qui vus juget à pendre, ... Al brant d'acier que jo ne l'en desmente. Rol. 3789—91.

Der zweite negierte Satz steht ohne das verbindende que hinter dem ersten: Jamais n'iert anz altretel ne vus face. Rol. 653. — Jamais n'iert jurns de tei n'aie dulur. Rol. 2901.

In solchen Sätzen setzt das Neufranz. statt des einfachen que oft sans que.

Wir haben es bis jetzt mit Sätzen mit negativem Hauptsatze zu thun gehabt. In allen diesen Fällen stand das Verb des Relativsatzes im Konjunktive, weil es eine nur gedachte Eigenschaft oder Thätigkeit ausdrückte. Aus demselben Grunde findet sich der Konjunktiv auch nach affirmativem Hauptsatze. So in den beiden folgenden Beispielen: Mais tut seit fel qui chier ne s'vende primes. Rol. 1924. — Trestut seit fel qui n'i fierget à espleit. Rol. 3559.

Dass diese Ausdrucksweise nicht die allein mögliche ist, zeigen uns drei andere Stellen: Mal seit del coer qui el piz se cuardet. Rol. 1107. — Tut par seit fel qui ne s'vait envaïr. Rol. 2062.— Fel seit qui n'i ferrat. Rol. 2144 —, in welchen der Indik. angewandt ist, weil die Eigenschaft oder Thätigkeit als wirklich vorhanden hingestellt werden soll.

Auch in den folgenden Beispielen steht der Konjunktiv aus demselben Grunde. — Nicht selten finden wir im Altfranz. einem Substantive einen Relativsatz mit dem Konjunktiv hinzugefügt, der eine von dem Gegenstande unzertrennliche Eigenschaft enthält und dazu dient, den Begriff desselben zu verallgemeinern. Man sagt z. B. für: irgend welcher Mann: om qui soit né, om qui ait anme, om qui soit vivant u. dergl. — So schreibt das Alexiuslied: Si fait ma medre plus que femme qui vivet. Alex. 42 b. — das Rolandslied: Carles ne crient hume qui seit vivant. Rol. 2740. — An einer anderen Stelle dagegen wendet es den Indikativ an: Plus est isnels que n'est oisels qui volet. Rol. 1573. — vielleicht aus Gründen des Versmasses und der Assonanz. — Zur Verallgemeinerung des Substantivbegriffes scheint der Konjunktiv auch in dem folgenden Beispiele zu dienen. Por amistet ne d'ami ne d'amie, Ne por honors qui lui fussent tramises, N'en volt torner tant com il ad a vivre. Alex. 33 c—e. (= um irgend welcher Ehren willen [1]).

Das Franz. setzt den Konjunktiv im Relativsatze, wenn sich derselbe auf ein Substantiv in konditionalem Satze bezieht und eine für diesen Substantivbegriff vorausgesetzte Eigenschaft enthält. Das Franz. stimmt hierin mit dem Latein. überein. S'or i ad cel qui Carle cuntrediet, Il le fait pendre o ardeir o ocire. Rol. 3669—70. — Seit qui l'ociet, tuit pais puis avriumes. Rol. 391 (wo das „seit" konditionalen Sinn hat). — Der Indik. in ähnlich gebauten Sätzen dagegen findet sich z. B.: S'est qui l'demandet, ne

---

1) Für die sehr unsicheren Verse Rol. 457—459 Jo ne lerreie pur tut l'or que Deus fist, Ne pur tut l'aveir ki seit en cest païs, Que ne li die . . . schlägt Müller vor zu schreiben: Jo ne lerrei pur poür de murir Ne pur tut l'or qui est en cest païs,

l'estoet enseignier. Rol. 119. — Mort sunt li cunte, se est
qui mei en creit. Rol. 577. — S'or ad parent qui m'en
voelt desmentir . . . . Rol. 3834.

Die Bedeutung des neufranz. Conditionnel hat das Imp:
Conj. in dem Satze: Tu nos perdone celz pecaz Qu'e nos
vedest tua pietad. Pass. 77 c d (vedest = vidisset = verrait);
diejenige das Plusq. Conj. in dem Satze: E d'icel bien qui
toz doust tons estre, Poi en perneies en ta povre herberge.
Alex. 84 c d.

3. Im Adverbialsatze.

a. Im Adverbialsatze des Ortes.

Der Modus in den Adverbialsätzen des Ortes folgt denselben Gesetzen wie in den Relativsätzen. Die wenigen
Beispiele aus unseren Denkmälern, welche den Konjunktiv
nach où zeigen, haben wir deshalb schon bei jenen Sätzen
mit aufgeführt.

b. Im Adverbialsatze der Zeit.

Es beschäftigen uns hier nur zwei Fälle: 1) Der Tem-
poralsatz enthält eine Aussage, welche der Zeit nach später
fällt als diejenige des Hauptsatzes; oder 2) er enthält eine
Aussage, welche die Grenze der im Hauptsatze enthaltenen
Thätigkeit angiebt. Im ersten Falle haben wir es mit
Sätzen zu thun, die im Lat. durch antequam, priusquam,
im Franz. durch ainz que, ainçois que, primes que, — avant
que eingeleitet sind; im zweiten Falle mit Sätzen, mit den
Konjunktionen dum, donec, quoad, — jusque; tresque, deci
que, tant que, — jusqu'à ce que, tant que.

Das Latein. setzte nach diesen Konjunktionen den Indik.
und den Konjunkt.; den Indik., wenn es sich lediglich um
den Ausdruck einer Thatsache, den Konj., wenn es sich um
den Ausdruck eines Wunsches, einer Absicht handelte.

Nach den Konjunktionen ainz que, ainçois que, primes
que, — avant que setzt das Franz. immer den Konjunktiv.
So finden wir in unseren Denkmälern diesen Modus, selbst
wenn der betreffende Adverbialsatz nicht einen Wunsch, eine
Absicht u. dergl. ausdrückt [1]). Nach a i n z q u e: Anz que la
noit lo jalz cantes, terce vez Petre lo neiet. Pass. 49 a b. —
Ainz que t'ousse si 'n fui molt desirrose; Ainz que nez
fusses si 'n fui molt anguissose. Alex. 92 a b. — Ainz qu'il
oüssent IIII liues siglet, Si's acuillit e tempez e orez. Rol.
689. — Ainz que il moergent, se venderunt mult chier. Rol.
1690. — ib. 1804, 1900, 2035, 2230, 2939. — Nach e n c e i s
q u e: N'en descendrat pur malvaises nuveles, Enceis qu'en
seient VII C· espées traites. Rol. 810 — 811. Doel i avrat
enceis qu'ele departed. Rol. 3480.

Nach den Konjunktionen jusque, tresque, deci que, tant
que [2]), — jusqu'à ce que dagegen findet sich im Franz. der
Indik. und der Konj.[3]); und zwar steht im Allgemeinen [4])
der Indik., wenn die Handlung des Adverbialsatzes als etwas
Zufälliges, Unbeabsichtigtes hingestellt werden soll; im
anderen Falle wird der Konj. gesetzt [5]).

In unseren Denkmälern findet sich nach usque, jusque
immer der Konjunktiv des Wunsches. Quar anc non fo nul
om carnals En cel enfern non fos anaz, Usque vengues qui,

---

1) Cf. Diez, Grammatik III, 348.

2) Häufig sind im Rol. Sätze, in denen das Adv. tant unmittelbar vor
dem Verbum des Hauptsatzes steht, und die Konj. que den Nebensatz ein-
führt. Das Verbum des Nebensatzes steht dann immer im Indik. Rol.
402—403, 451—452, 1035, 1829, 2089, 2818, 2842, 3097.

3) Diez sagt: Grammatik III, 349: „Der Indikativ wird gebraucht,
wenn eine Thatsache als vergangen, der Konjunktiv, wenn sie als künftig
oder möglich vorgestellt wird.“

4) Denn es finden sich auch Ausnahmen von dieser Regel.

5) Tant que kommt in der Bedeutung von jusqu'à ce que im Neufranz.
nicht sehr häufig vor; es scheint dann immer den Konj. nach sich zu haben.

sens pecat, Per toz solses comuna lei. Pass. 96 a — d. —
Ne l'reconoissent usqu'il s'en seit alez. Alex. 58 b. — E prient
Deu que guarisset Rollant, Jusque il viengent el camp
comunement. Rol. 1837—38. — ib. 2439, 2663, 3588.
Der Indik. dagegen steht regelrecht nach entroque
Creidre ne l'pout entroque l'vit. Lég. 32 a, 37 b.
Der Adverbialsatz mit tresque findet sich zweimal im
Rol. mit dem Indikativ: La nuit demurent tresque vint al
jur cler. Rol. 162. — Fait cels guarder, tresque li dreiz iert '
faiz. Rol. 3849.

Die Konjunktion tant que findet sich in unseren Denkmälern weder in der Bedeutung von „so lange bis" noch in
der von „so lange als" ¹). Dagegen finden sich Beispiele
von tant cum = so lange als. In dieser Bedeutung kann
nach tant cum wie nach tant que im Altfranz. der Indik.
wie der Konj. stehen, während das neufranz. tant que = so
lange als nur den Indik. aufweist. Der Konj. nach tant
cum²) findet sich zweimal im Rol. Ço n'iert, dist Guenes,
tant cum vivet ses nies. Rol. 544. — Ço n'iert, dist Guenes,
tant cum vivet Rollanz. Rol. 557. — und zwar ist es in
beiden Fällen der Conj. dubitat., der dazu dient, dem Ge-
danken eine allgemeine Schattierung zu geben. — In dem Verse:
Brochent ad ait tant cum durent li port. Rol. 1802, — kann
durent eben so gut Ind.- als Konj.-Form sein. Das Verbum
ist im Futurum: Ne s'recrerrat tant cum il serat vifs.
Rol. 2126.

---

1) tant que entspricht dem altdeutsch. „unz", welches auch „bis" und
„während" heisst.
2) tant cum = so viel als hat natürlich immer den Indik. nach sich.
z. B.: Je vus durrai or e argent asez, Terres e fiez tant cum vus en vul-
drez. Rol. 75—76.

c. Im Finalsatze.

Der Konjunktiv des Wunsches steht naturgemäss in den
Adverbialsätzen, welche eine Absicht, einen Wunsch u. dergl.
ausdrücken. Das Latein bediente sich dabei der Konjunktionen ut, quo, das Altfranzös. der Konjunktionen que, pour
que, par que, pour ce que, par ce que, à ce que; das Neufranz. wendet pour que, afin que und nach einem Begeh-
rungssatze auch einfaches que an. Unsere Denkmäler liefern
zahlreiche Beispiele für den Konj. im Finalsatze.

Das Altfranz. führt den Finalsatz ganz gewöhnlich durch
que ein, ohne dass, wie im Neufranz., der vorhergehende Hauptsatz einen Imperativ enthält [1]). Trenta deners dunc li en pro-
mesdrent, Son bon sennior que lo tradisse. Pass. 22 a b. —
Per cio laissed Deus se neier Que de nos aiet pieted. Pass.
50 c d. — Fraindre devem noz voluntaz, Que part aiam ab
los fidels. Pass. 126 c d. — Ço l'demonstrat que se paiast.
Lég. 19 b. — Vifs atendeie qued a mei repairasses, Par Deu
mercit que tu m'reconfortasses. Alex. 78 d b. — Par amistiet,
bels sire, la vus duins, Que nus aidiez de Rollant le barun.
Rol. 622—23. — ... Si purpernez les destreiz e les tertres,
Que l'emperere nisun des soens n'i perdet. Rol. 805—6. —
El camp estez, que ne seium vencut. Rol. 1046. — ib. 1470,
1474, 1927, 2263, 3136 [2]).

---

1) In der Form eines Hauptsatzes steht der Absichtssatz: „Pur ce le
fist, ne fust aparissant. Rol. 1779. — Ço l'demonstrat amis li fust. Lég.
19 d; cf. oben Lég. 19 b. — Man könnte zum Vergleich mit ersterer Stelle
eine ganz ähnliche aus Mätzner's Altfranz. Liedern heranziehen, wo que
nach pour ce gesetzt ist: Pour ce le fait, ne men doi merveillier Que
chascuns puist et dire et temoignier Que .. Altfr. Lied XIX, 38—40.

2) Ueber die Verse: Laissiez les morz tut issi cum il sunt, Que n'i
adeist ne beste ne liuns, Ne n'i adeist escuiers ne garçuns. Rol. 2435—37. —
ist chon p. 11, A. 1 gesprochen worden. Die Stelle ist sehr unsicher.
Der Verfasser des Artikels: Roman. Studien III, 203ᵃ (1878) erblickt in
dem Satze Que n'i adeist ... eine „Art Mittelding zwischen Finalsatz und
Befehlsatz."

Die Konjunktionen pur que, pur ce que treten in den allerältesten Denkmälern noch nicht auf. Erst das Rol. liefert je ein Beispiel: Baptisiez la, pur que Deus en ait l'anme. Rol. 3981. — Sunent mil grailles pur ça que plus bel seit. Rol. 1004 ¹).

d. Im Konsekutivsatze.

Im Franz. steht in Konsekutivsätzen, welche mit que eingeführt und oft auf Korrelate wie si, tellement, de sorte etc. bezogen sind, gewöhnlich der Indik., während das Latein. hier immer den Konjunktiv anwandte. Der Konj. findet sich im Altfranz. wie im Neufranz., wenn der Inhalt des Adverbialsatzes ein gewünschter ist (Konj. des Wunsches), oder als Conj. dubitat. nach einem negativen Hauptsatze.

In den folgenden Beispielen gehört der Konjunktiv der letzteren Art an. Dem Konsekutivsatz geht ein Korrel. vorher. Ne pois tant faire que mes cors s'en sazit. Alex. 93 d. — Ne luinz ne près ne poet vedeir si cler Que reconuisset nisun hume mortel. Rol. 1992—93.

e. Im Konzessivsatze.

Der Konjunktiv ist hier Conj. dubit. — Während das Latein. in Konzessivsätzen mit quamquam, etsi, tametsi meist den Indik., in Sätzen mit licet, quamvis meist den Konj. anwendet, setzt das Franz. in derartigen Sätzen immer den Konjunktiv.

In unseren Denkmälern begegnet uns nur ein Beispiel für den Konjunktiv in einem solchen Konzessivsatze, welcher

---

1) pur que = c'est pourquoi hat natürlich den Indik. nach sich. z. B.: Rol. 3758 — 59. Ebenso pur ce que in der Bedeutung von parce que; z, B, Rol. 285, 286, 2102, 2361.

durch ja eingeführt ist. Ja l'vedes ela si morir El resurdra, cho sab per ver. Pass. 84 c d.

In den Konzessivsätzen mit einem relativen Fürwort oder Adverb in verallgemeinertem Sinne und folgendem que — also nach qui que, quoi que, quel que, où que, comme que, combien que — setzt das Neufranz. immer den Konjunktiv; das Latein. gebrauchte nach quisquis, quidquid, quotquot, utut etc. fast immer den Indik. Im Altfranz. finden wir in solchen Sätzen gewöhnlich den Konj. — Ist das Adverb oder Fürwort nicht in verallgemeinertem Sinne gebraucht, so steht der Indik.; so z. B.: Donet as povres ou qu'il les pot trover. Alex. 19 d. — Der Konj. steht nach qui que: Ambure ocit, qui que l'blasmt u qui l'lot. Rol. 1546. — Qui que l'cumpert, venut en sunt ensemble. Rol. 1592. — Qui que 's rapelt, ja 'nen returnerunt. Rol. 1912. — Tute l'enseigne li ad̦enz el cors mise, Que mort l'abat, qui qu'en plurt u qui'n riet. Rol. 3363—64. — Nach cui que: Cui que seit dols, a nostre os est il goie. Alex. 101 c. — ...: Que mort l'abat, cui qu'en peist u cui non. Rol. 1279. — Nach que que: Queque Rollanz Guenelun forsfesist, Vostre servise l'en doüst bien guarir. Rol. 3827—28. — Nach quel que: Altre bataille lur livrez de méisme. De quel que seit Rollanz n'estoertrat mie. Rol. 592—3. — Quel part qu'il alt, ne poet mie chaïr. Rol. 2034. — Nach où que: Ou que il seit de Deu servir ne cesset. Alex. 17 e. — Nach cument que: Cument qu'il seit, ne s'i voelt celer mie. Rol. 3522 ¹).

---

1) Pour — que, welches im Altfranz. ein Substant. oder ein Adjekt. einschliessen konnte, kommt im Neufranz. nur noch in dem Ausdruck pour peu que in dieser Verwendung vor. Man darf dies nicht mit dem altfr. pur poi que = a (à) poi que, a petit que verwechseln, welches sich auch im Rol. mehrere Male zeigt. Z. B. Si grant doel ad pur poi qu'il n'est desvez. Rol. 2789. — ib. 3608. — Ohne que: pur poi d'ire ne fent. ib. 325. — A bien petit que il ne pert le sens. ib. 326.

f. Im Konditionalsatze.

Im Latein. spielte der Konj. im Bedingungssatze eine grosse Rolle, während er im Neufranzösischen nur noch sehr spärlich auftritt. Das Altfranz. steht in der Mitte zwischen beiden Sprachen: der Konj. ist hier im Konditionalsatze bei weitem nicht mehr so häufig, als er im Latein. war; er ist aber mehr in Anwendung als im Neufranz. Gewöhnlich wird das bedingende Glied dieser Satzfügung durch si, afz. se eingeleitet; andere Ausdrücke für die Bedingung sind altfranz. mais que, neufranz. pourvu que, supposé que, en cas que etc. — Das Rol. liefert uns ein Beispiel für mais que in diesem Sinne: Saveir i ad, mais. qu'il seit entenduz (= pourvu que). Rol. 234. — und wir wollen bei dieser Gelegenheit die Stelle aus den Eiden aufführen, wo der Conj. Praes. in einem Satze mit konditionalem Sinne steht: in o quid il mi altresi fazet.

Im Bedingungssatze mit se, si bediente sich das Latein. des Praes., Perf., Imperf. und Plusquamperf., je nach dem es ausdrücken wollte, dass die Wirklichkeit der Annahme entspricht oder dass sie ihr nicht entspricht. Im Neufranz. findet nur noch das Plusq. Conj. zum Ausdruck einer unwirklichen Bedingung Anwendung. Besonders ist es das Conditionnel, das sich vereinzelt auch schon in unseren Denkmälern vorfindet, welches das altfranz. Imperf. Conj. im hypothetischen Satzgefüge verdrängt hat.

Im Altfranz. kommt ausser dem Plusq. noch das Imperf. Conj. vor, welches in diesen Sätzen besonders häufig die Bedeutung des Plusq. hat, und ausserdem finden sich vereinzelt auch das Praes. und Perf. Conj. Der Konjunktiv steht hier also nicht nur zum Ausdruck einer unwirklichen Bedingung, sondern hat noch die Kraft, eine blosse Annahme oder Voraussetzung zu bezeichnen.

Von unseren Denkmälern zeigt nur das Rol. ein Beispiel des Praes. Conj. im bedingenden Satze [1]: S'en ma mercit ne se culzt à mes piez E ne guerpisset la lei des chrestiens, Jo li toldrai la corune del chief. Rol. 2682—84 [2]).

Das Imperf. Conj. steht im bedingenden und im bedingten Satze des hypothetischen Satzgefüges: Se teï ploust ici ne volsisse estre. Alex. 41 b. — Se Deu ploust sire en dousses estre. Alex. 84 e. — Sed a mei sole vels une feiz parlasses, Ta lasse medre si la reconfortasses Qui si'st dolente, chiers filz, bor i alasses. Alex. 90 c—e. — Alex. 98 a b, 98 e. — Se il fust vifs, jo l'ousse amenet. Rol. 691. — S'i fust li reis, n'i oüssum damage. Rol. 1717. — Se m'créissez, venuz i fust mis sire, Ceste bataille oüssum departie, U pris u morz i fust li reis Marsilies. Rol. 1728—30. — Se l'desist altre, ja semblast grant mençunge. Rol. 1760. — Unc ne l'sunast, se ne fust cumbatant. Rol. 1769. — Sempres caïst, se Deus ne li aidast. Rol. 3439. — ib. 3441—42, 3764.

Der bedingende Satz hat das Verbum im Imperf. Conj., der bedingte das Verbum im Conditionnel: Se véissum Rollant, ainz qu'il fust morz, Ensembl' od lui i durriums granz colps. Rol. 1804—5.

Der Hauptsatz erscheint in unvollständiger Form: Deus! quels vassals, s'oüst chrestientet! Rol. 3164.

---

1) Das Praes. Indic. steht z. B. Rol. 273, 519, 2602—4, 2658—9, 2747—8, 2807—8, 2877, 3234—5, 3539.

2) Die Gesetze Wilhelms liefern uns zahlreichere Beispiele für diese Erscheinung. Z. B.: E si alquens vienged apref pur clamer la cose, duinst wage e truist plege . . . Lois 6. — E durrad wage e truverad plege, que si altre vienged aprof dedenz l'an e le jur pur l'aveir demander, qu'il ait a dreit en la curt celui ki l'aveit escus. Lois 5. — Das Perf. Conj.: E s'il ait altre fiede ested blasmed, s'en escundisse a treis dubles. Lois 15. — Bartsch, Chrest. p. 39—42.

Hin und wieder finden sich im Altfranz. Sätze, welche im bedingten Satzteile das Passé déf., im bedingenden das Imp. Conj. zeigen[1]). Es liegt in solchen Fällen eine elliptische Ausdrucksweise vor. Der eigentliche bedingte Satz, welcher das Verb im Imp. oder Plusp. Conj. haben müsste, ist ausgelassen. — Das Rol. enthält einen solchen Satz: Un algier tint (li reis) qui d'or fut enpenez, Ferir l'en vólt, se n'en fust desturnez. Rol. 439—440[2]). (Er wollte ihn damit schlagen; und er würde ihn damit geschlagen haben, wenn er nicht . . .). — Anders verhält es sich mit den Versen: Li cuens Rollanz unques n'amat cuárd, Ne orguillus ne hume de male part, Ne chevalier, s'il ne fust bons vassals. Rol. 2134—36. — Hier ist das Passé déf. im Hauptsatze ganz am Platze; der bedingende Satz würde neufranz. lauten: à moins qu'il ne fût un bon vassal.

Manchmal wird der hypothetische Satz ohne Mithülfe der Konjunktion se gebildet; die Wortstellung des bedingenden Satzes ist dann die des Fragesatzes[3]). Fust chretiens, asez oüst barnet. Rol. 899. — Fust i li reis, n'i oüssum damage. Rol. 1102. — D'une raisun oï Rollant parler : Jà ne murreit en estrange regnet, Ne trespassast ses humes e ses pers. Rol. 2863—65.

---

1) Cf. Rom. de Rou 9178 (Robert Darin: Observations sur la syntaxe du verbe dans l'ancien français, Lund 1868), Guiot de Provins v. 52 (Eisentraut: Grammatik zu Guiot von Provins, Göttingen 1872) und Zeitschr. f. rom. Phil. I, 210.

2) Volt ist III Pers. Sing. des Passé déf. (voluit) wie Rol. 1208, 3231. Trautmann citiert die Form als III P. S. Praes; diese heisst voelt, Rol. 127, 167, 868, 1600, 2748. Müller schreibt Rol. 40 für die Form des Praes. volt; Gautier und Böhmer setzen auch dort voelt.

3) Diez, Grammatik III, 359: „Seltner begegnet dies bei positivem Nebensatz."

Das Imp. Conj. findet sich ferner im elliptischen hypothetischen Satze, dem der bedingende Nebensatz fehlt. Dieser ist entweder leicht hinzuzudenken oder kann aus dem Inhalte des Vorhergehenden ergänzt werden. Sätze wie die drei ersten folgenden begegnen, besonders in der epischen Poesie der alten Sprache, ziemlich häufig. La véissiez tanz chevaliers plurer. Rol. 349. La véissez si grant dulur de gent. Rol. 1622. — La véissez la terre si junchiée. Rol. 3388. — Mais de cel plait ne volsist il nient. Alex. 10 d. — Iceste chose nos douses noncier. Alex. 64 c. — Tei covenist helme e bronie a porter, Espede ceindre come tui altre per, E grant maisniede douses governer. Alex. 83 a—c. — Alex. 97 e, 117 e. — Empor tei, filz, m'en esteie penez: Pois mon decez en fusses honorez. Alex. 81 de. — Li cuens Rollanz ne l'se doüst penser, Que estrais estes de mult grant parented. Rol. 355—6. — Rol. 455. — Mais li cuens Guenes iloec ne volsist estre. Rol. 332. — ib. 3999. — La hanste fut grosse cume uns tinels, De sul le fer fust uns mulez trussez. Rol. 3153—54. — L'anme del cors me seit hoi departie! Entre les lur fust aluée e mise, E ma car fust delez els enfuie. Rol, 2940—42. — Plus aimet il traïsun e murdrie Qu'il ne fesist trestut l'or de Galice. Rol. 1636—37.

Im unvollständigen Satzgefüge nach comme si steht das Imp. Conj.: Si l'at destruite com s'hom l'oust predede. Alex. 29 c. — Nach einem Komparativ im Satze mit que, der dem Sinne nach unvollständiger Konditionalsatz ist: Ne l'conoisseie plus qu'onques ne l'vedisse. Alex. 87 e. — Nach einem konzessiven Nebensatze steht das Imp. Conj.: Queque Rollanz Guenelun forsfesist, Vostre servise l'en doüst bien guarir. Rol. 3827—28.

Wenn einem konditionalen Nebensatze mit si ein anderer angereiht wird, der seinem Inhalte nach in einer gewissen Beziehung zu jenem steht, so wird dieser zweite im Neu-

franz. durch que eingeführt, und sein Verbum in den Konj.
gesetzt. Der Bedingungssatz springt in einen Konjunktiv-
satz um, der den sub A, p. 12 abgehandelten Sätzen entspricht. Diese Erscheinung tritt in den allerältesten Denkmälern noch nicht auf, sie zeigt sich aber schon in den
Gesetzen. Die zweiten konditionalen Nebensätze werden
jedoch noch nicht durch que eingeführt [1]).
Im Altfranz. wie auch im Lat. wird das Relativpron.
qui oft in der Bedeutung von si quis gebraucht und kann
daher einen Satz einführen, der den Nebensatz eines hypothetischen Satzgefüges vertritt. Der Gebrauch des Konj. in
diesen Sätzen ist derselbe wie in den schon behandelten
mit der Konjunktion se.
In Haupt- und Nebensatz steht das Imp. Conj. mit dem
Sinne des Plusq.: Qui dunc oïst Munjoie demander, De
vasselage li poüst remembrer. Rol. 1181—82. — Qui lui
véist Sarrazins desmembrer, Un mort sur altre a la terre
geter, De bon vassal li poüst remembrer. Rol. 1970—72. —
Qui dunc véist cez escuz si malmis, Cez blancs osbercs qui
dunc oïst fremir, E cez escuz sur cez helmes cruissir, Cez
chevaliers qui dunc véist caïr, E humes braire, cuntre terre
murir, De grant dulur li poüst suvenir. Rol. 3483—88. —
Im Hauptsatze steht das Conditionnel, und das Imp. Conj.
hat den Sinn des Condit.: Pecchiet fereit qui dunc li fesist
plus. Rol. 240. — Beide Sätze haben das Verbum im Cond.:
Qui purreit faire que Rollanz i fust morz, Dunc perdreit
Charles li destre bras del cors. Rol. 596—7. — Mult sereit
fols qui ja s'en cumbatreit. Rol. 3804.

---

1) Z. B.: Se alquens est apeled de larrecin u de roberie, e il seit plevi
de venir a justice, e il s'en fuie dedenz sun plege, si averad terme un meis
e un jur de querre le. Lois 3. — Si hom ocist altre e il seit cunuissant
e il deive faire les amendes, durrad . . . Lois 7. — Si hom fait plaie a
altre e il deive faire les amendes, primereinement li rende sun lecheof.
Lois 10. — ib. 14 und 15 in Bartsch, Chrest. 39—42.

3*

Nicht selten sind im Altfranz. mit qui eingeleitete Sätze mit dem Imp. Conj. (= Plusq. Conj.), denen der Hauptsatz fehlt, und die so eine Art Ausruf bilden. Qui lui véist l'un jeter mort sul l'altre, Le sang tut cler glacier par cele place! Rol. 1341—42.— Qui puis véist Rollant e Olivier De lur espées ferir e capleier! Rol. 1680—81. — Qui puis véist les chevaliers d'Arabe, Cels d'Ociant e d'Arguille e de Bascle! Rol. 3473—74.

Lebenslauf.

Ich, Karl Quiehl, wurde am 23. Januar 1857 in Rawitsch geboren. Bis zum Jahre 1874 besuchte ich die Realschule I. Ordnung meiner Vaterstadt und verliess dieselbe mit dem Zeugnis der Reife, um mich dem Studium der neueren Sprachen zu widmen. Von O. 1874 bis O. 1876 studierte ich in Berlin an der Universität und an der Akademie für moderne Philologie, von da bis Ende 1876 in Genf. Nach einem dreimonatlichen Aufenthalte in Duisburg a/Rh. ging ich zur Vervollständigung meiner Studien nach London und von da nach Paris. Ich beendete meine Studien in Kiel, wo ich am 1. März 1879 das Examen p. fac. doc. bestand. Von O. 1879 bis O. 1880 genügte ich in Rawitsch meiner Militärpflicht und bin seit April 1880 an der Realschule II. O. zu Cassel thätig.

T h e s e n,

welche zugleich mit der Dissertation

der Verfasser

am 1. März 1881 Mittags 12 Uhr

in der

kleinen Aula der Universität zu Kiel

öffentlich verteidigen wird.

---

1. Bei der Betrachtung der Bedeutung und des Gebrauchs des Konjunktivs ist vom Hauptsatze auszugehen.

2. Die Lesart Theodor Müller's Chanson de Roland 2849—50:
   „Li reis se drecet, si ad rendut ses armes,
   Si se desarment par tute l'host li altre."
   ist unhaltbar.

3. In Müller's Ausgabe der Chanson de Roland, Göttingen 1878, ist in Vers 101
   „En la citet nen ad remes paiens."
   statt „paiens" „paien" zu setzen.

4. Es ist kein Grund zu der Annahme vorhanden, dass Rutebeuf wo anders als in Paris geboren ist.

Opponenten.

Herm. Krumm, Realschullehrer.
Ludw. Steinhagen, Realschullehrer.
Oscar Kayser, cand. phil.

Druck von Friedr. Scheel in Cassel.